Como Suicidarse y no Morir en el Intento.

Chuy Barriga

ISBN: 9798389062306
Independently published

CONTENIDO

AGRADECIMIENTOS

Agradezco con todo el corazón, a los padrinos de mis hijos, Toño y Delia, que han demostrado llevar este título de padrinos tatuado en el alma.

A Viviana Gutiérrez, Madre de mis hijos, y compañera de vida, juntos nos tocó crecer y madurar, pero lo más importante aprender a ser padres de tres niños hermosos.

A mis padres Jesús y Araceli, que me Ofrecieron todo lo que tenían de sabiduría y habilidades para enfrentar esta vida.

PRÓLOGO

Decidí escribir este libro, por el oscurantismo que cubre el tema de la depresión, no es un libro científico si no un punto de vista social y espiritual fundado en la experiencia propia y de mis compañeros escritores, un punto de vista que no es común tomarlo en cuenta por los científicos.

Me animo a expresar al mundo lo que es vivir con depresión, por darme cuenta de tantas personas que están en las mismas circunstancias, pero aguardan silencio por el rechazo de la sociedad, y discriminación y ser etiquetados de locos.

Si tienes un familiar con depresión este libro te ayudara a entenderlo un poco más, saber lo que está viviendo, y lo más importante saber cómo ayudarlo y tener una buena comunicación con él.

La depresión es una enfermedad que entre más enfermo estés más enfermo quieres estar.

Si tú tienes depresión y estás leyendo este libro, ya es un gran paso por que significa que alguien te quiere ayudar realmente o tu estas dando un gran paso para pensar por tu bienestar.

Aunque la vida sea cruel, injusta, triste, sangrienta y te quiera bajo sus pies todo el tiempo, necesitas darte cuenta que solo en tus manos esta convertirla en una grata y linda experiencia. Que ni tu padre, madre, hijos hermanos, amigos, esposo o esposa, novia o novio, políticos o religiosos tienen obligación ni el poder de hacerte feliz.

Disfrutar la vida es más que un derecho, es una decisión que me corresponde solo y únicamente a mí. A nadie más.

¿QUE ES LA DEPRESIÓN?

SEGÚN LA OMS

La depresión es un trastorno mental frecuente, que se caracteriza por la presencia persistente de tristeza y una pérdida de interés en actividades que las personas normalmente disfrutan, acompañada de una incapacidad para llevar a cabo las actividades diarias, durante 14 días o más.

SEGÚN LA PSICOLOGÍA

La depresión es un trastorno mental caracterizado fundamentalmente por un bajo estado de ánimo y sentimientos de tristeza, asociados a alteraciones del comportamiento, del grado de actividad y del pensamiento.

SEGÚN EL DEPRESIVO

Extinción completa de la autoestima y felicidad, con la incapacidad de disfrutar cualquier cosa incluyendo los gustos personales, incrementando progresivamente la autopercepción negativa, otorgando un dolor existencial en crecimiento, hasta llegar a creer que el dejar de existir sería un acto de bondad para las personas que nos rodean.

TIPOS DE DEPRESIÓN

Episodio Depresivo.

Síntomas continuos durante al menos 14 días. Como desanimo, tristeza, perdida del apetito, aislamiento social etc.

Trastorno Depresivo Recurrente.

Poca estabilidad no mayor a 15 días entre episodios depresivos.

Depresión Atípica.

Síntomas variados como aumento de apetito y perdida del mismo, acompañado por somnolencia.

Trastorno Bipolar.

Cambios de humor extremos y repentino que pueden causar serios problemas.

Depresión Psicótica.

Ideas y pensamientos falsos e incluso alucinaciones.

Distimia.

Síntomas menos drásticos y poco perceptibles pero que van creciendo y evolucionando a otro tipo de depresión.

Trastorno Afectico Estacional.

Surgen con él la celebración de alguna fecha importante o dolora, como la muerte de un ser querido.

Independientemente del tipo de depresión en el que se encuentre la tendencia será a ser más crítica, hasta llegar al punto de una situación irreparable.

LA DEPRESIÓN
ES LA ÚNICA ENFERMEDAD QUE
ENTRE MÁS ENFERMO ESTÉS, MÁS
ENFERMO DESEAS ESTAR.

Solo las personas que viven con la depresión saben esta dura verdad, y por lo mismo una persona con depresión nunca intentara encontrar una solución.

Por más psicólogos y psiquiatras que se presenten con la bandera de ayudar, será un intento fallido para sacarlo de esos pensamientos.

"no se puede salvar a alguien

que no quiere ser salvado"

Curiosamente las únicas personas que pueden ayudarlo son las que conviven con él a su alrededor, pero por lo general no conocen nada del tema, y en el momento que dan una opinión he intentan ayudarlo, terminan alejando más a la persona que está sufriendo depresión.

No estoy diciendo que los psicólogos y psiquiatras no ayuden, si no que debemos identificar el momento adecuado en el que tenga una ventana de lucides para penar en salir de la depresión.

Por lo tanto, una persona con depresión nuca dirá verbalmente, en qué estado se encuentra, más aún tratará de alejarse de las personas, para evitar preguntas que no quiere responder o que tendrá que mentir para escaparse de la situación.

A pesar de todo esto, nuestro cuerpo identificá estas situaciones como peligrosas, y trata de mandar señales de ayuda, por lo tanto, se establece un conflicto psicológíco, en el que la lógica de pensamiento es negativa incluso autodestructiva, mientras se siente la necesidad de llorar y pedir ayuda a gritos.

Por tal razón la siguiente lista muestra las expresiones de ayuda que el sistema de autoprotección del cuerpo humano manda al mundo.

1.-Publicacion de imágenes oscuras o sombrías.

2.- Risas falsas o exageradas por cualquier cosa.

3.- Ningún tipo de reacción a la comedia.

4.- Desinterés en continuar conversaciones o discusiones.

5.- Publicaciones muy claras de su tristeza o soledad.

6.-Creación de conflicto sin fundamentos para llamar la atención.

7.- Autoflagelación no mortales en lugares del cuerpo visibles.

Etas 7 son alguna mas no todas, porque depende de la persona y ambiente social en el que se encuentre.

Lo más común es que las personas a su alrededor la primera expresión será:

"quiere llamar la atención"

Acompañándola con un:

"Ya se le pasara"

Estas señales no hay que tomarlas como a la ligera, ni dejarlas de lado, ya que la persona con depresión no las realiza conscientemente con esa intención, sino que es su sistema de autoprotección al sentirse en peligro.

¿Entonces como se le puede ayudar?

Para poder expresarme con claridad sobre las herramientas y estrategias para ayudar a un depresivo, les comparto un poco de mi historia personal como contexto.

MI HISTORIA
Mi Nombre es: Jesús Barriga

Desde muy pequeño, me di cuenta de que algo no andaba bien. Vivía con mis padres y mi hermana mayor con diagnóstico de parálisis Cerebral. Desde el momento de mi nacimiento los cuidados que conllevan a un recién nacido faltaban el aprecio, y la presencia de mis padres no era la excepción. Por lo tanto, necesitaba esa parte de mi vida, sentía un gran vacío y notaba que a mi hermana le estaban dando lo que a mí me faltaba. Porque ella necesitaba toda la atención y cuidados posibles, mi razonamiento de niño me decía que la única diferencia era que ella era mujer y yo no. A la edad de 5 años era tan grande el deseo de aceptación, que con todas las fuerzas de mi corazón le pedí a mi madre que me hiciera niña también, sin preguntar la razón de mi petición y riendo me contesto que si, por ese lapso creí que iba por buen camino, ahora si me va a querer como a mi hermana, pero en vez de eso, me puso un vestido amarillo, me pinto los labios y las uñas, y cuando intento perforarme las orejas para ponerme los aretes, le dije que no, entonces saco unos aretes de clip, terminando de vestirme comenta, ahora si ya eres una niña.

Yo feliz saliendo a la calle, gritando de alegría, por ser una niña, ahora si mi madre me abrazara y me besara, cuando poco tiempo después llega mi padre, lo encuentro vestido de niña y feliz para que me abrazara el también, pero fue todo lo contrario, me aparto y enojado me pregunto que quien me había hecho eso, yo feliz por decirle que mi madre, sin saber que causaba un problema familiar grande,

Mi padre, siendo criado a la antigua, con golpes calamidades escasez económica y trabajo, no conocía otra manera de enseñarnos la vida. Su madre enferma y grande de edad, su padre falleció cuando él tenía 3 años, criado por los hermanos mayores, no conoció la importancia del afecto, la caricia, o un bueno día.

Fui creciendo y por más que hacía para recibir un abrazo d mi madre recibía unas palabras "quítate pareces gato". Nuestra economía nunca fue saludable por lo tanto ambos padres trabajaban.

De niño, recuerdo muy claro, dos frases:

La primera frase que me dijo mi madre mirándome a los ojos.

"tu naciste para trabajar, porque yo ya estoy muy cansada y tienes que ayudar a mantener la casa"

La segunda frase fue:

"toma esta cubeta con mangos, los vas a vender a 1 peso cada uno. Y escucha bien, "me tomo de la mano y me la puso en la pared de la calle" no sueltes la pared, ni te bajes de la banqueta, si la suelta no volverás a casa nunca más, pero si no me haces caso, regresaras aquí. La puerta que encuentres das tres golpes y dices vengo mangos a un peso.

Con el tiempo nació una hermana más. Y con ella más necesidades de dinero. Al tal grado que nos dejaban noches enteras y hasta 2 o 3 día solos en casa porque ellos salían a trabajar.

En primer grado de primaria mi padre me llevaba a la escuela, salíamos a la 1:00 pm veía como todos los niños salían con sus padres. Pero conmigo no era así, esperaba en la escuela y seguía esperando, llegaba la maestra a dar las clases del turno vespertino y entraba otra vez a clases. Ya como a las 4 o 5 de la tarde llegaba mi padre por mí.

Al termino de ese año escolar. En las vacaciones, mi madre le comenta a mi padre, cómprale una bicicleta al niño. Después de una larga conversación, lo convenció diciéndole, "si tiene bicicleta podrá irse a la escuela solo he ir a mandados".

Ya en el segundo siclo escolar, con bicicleta, las responsabilidades aparecieron, ahora para poder entrar a clases de segundo grado a las ocho de la mañana, me levantaba a las seis para comenzar a limpiar la caza, barrer y trapear, lo más complicado era limpiar la pieza donde dormían mis padres por no despertarlos.

pero nosotros no vivíamos en una casa en sí, vivimos por 5 años en salón de eventos, tenía un espacio para bailes, zona para los músicos y una cocina grande. Con el tiempo me di cuenta, porque no entendía que mi casa tuviera baños grandes para hombres y otro para mujeres.

Me llevaba una hora a una hora y media limpiarla entera, haberes alcanzaba hacerme algo de desayunar, antes de irme en bicicleta a la escuela.

Ya a la edad de 8 años, un día no llegaron mis padres, pasaron 3 días y no llegaban. Ya quedaba la última bolsa de frijoles para preparar, y me empecé a preocupar, pero al otro día llegaron a casa, pero con un niño en brazos, y así apareció mi último hermano.

Un recuerdo de todos los años de mi niñez era que no avía día que no recibiera unas reprenda de mi madre, ya sea con la mano con el cinto o lo primero que encontrara. No solo a mí también a mis hermanos. Tanto se enojaba que en una ocasión se molestó en la comida llego al punto de coraje que intencionalmente se golpeó de cabeza en la pared dos o tres veces.

En otra ocasión estaba tan frustrado que decidí irme de la casa no importara si fuera el monte, la mañana siguiente antes de salir a la escuela vacíe la mochila y agrega una cazuela para hacerme de comer un cuchillo por si ocupaba matar algún animal para alimentarme serillos y Salí de la casa, pero ya en la calle no tuve la fuerza necesaria para terminar mi cometido y regrese al horario de salida de clase.

Ya a la edad 10 años tomábamos fotografías en las graduaciones de las escuelas, a mí me tocaba preguntar los domicilios de los clientes y tomar fotografías a los que podía. Nos presentábamos en más de 4 escuelas por que el día de graduación era el mismo. Tanto era así, que al siguiente día continuaba con mi rutina, me levantaba así los deberes y me iba a la escuela. Cuando llegue era extraño no había niños ni el maestro estaba. Solo unos albañiles burlándose diciendo que estaba en vacaciones que ya no había clases.

En el trascurso de la secundaria por lo general llegaba tarde 10 o 20 minutos en ese tiempo no entendía por qué a mí no me regresaban a casa como a los demás chicos que llegaban tarde. Ya tiempo después me entere que la maestra sabía que yo trabajaba en los eventos saliendo hasta las 4 de la mañana dos o tres veces por semana.

Mi hermano menor era muy apreciado por mi madre que lo sobreprotegía, el a la edad de 10 años, teníamos nuestras diferencias y pleitos como niños. Llego el día que mi madre me amenazo que si tocaba a su hijo me metería a la cárcel. Eran continuas las discusiones con mi madre, pero ya sus golpes no eran fuertes, a tal grado que una ocasión le dije, "no me golpes no te vayas a lastimar yo solito puedo y me agarre a golpes con la pared. De ahí para adelante prefería salir de la casa después de una discusión, cabe señalar que no le tenía ningún aprecio, aunque fuera 10 de mayo día de las madres mi regalo era que no me viera en todo el día, aunque mi padre me obligara a darle un ramo de flores, lo único que hacía era decirle madre hay te manda mi padre esto.

Un día regresando de trabajar a las 4 de la mañana nos quedamos mi padre y yo en el coche afuera de casa, mi padre quebrado en llanto y borracho me platicaba que por nosotros sus hijos no dejaba a mi madre, estas platicas que parecían más de un terapeuta matrimonial que de una plática padre e hijo, se volvieron cada vez más constantes, en la última ocasión él se metió a dormir y me toco bajar todo el equipo de trabajo una vez terminado me di cuenta la situación real que tenía yo personalmente.

No había un cuarto para mí, no había una cama donde pudiera descansar todos estaban en sus camas, pero yo no tenía, mi ropa está en una caja de cartón, estando de pie viendo a todos durmiendo mi madre se despierta y comenta "debajo de la alacena hay unos cartones y en aquel estante están las sábanas para que te tapes" y se volvió a dormir. Yo tomé las cosas y me fui a la regadera para dormir de alguna manera para dar entender la situación cuando me vieran dormido en la mañana siguiente.

Al despertar mi madre he intentar ir al baño, me

encuentra en acostado en el piso y me comenta: "hay esta tu ropa sucia yo no voy a lavarla es tuya." En ese momento me di cuenta que ese no era mi lugar.

Ya próximamente estaba por terminar la secundaria, y alcance a visualizar la oportunidad que tenia de entrar a un internado católico en el grado de preparatoria, donde me prepararía para ser sacerdote católico y que se encontraba en la ciudad vecina.

 Mi familia no tenía el dinero para pagar el internado. Por lo tanto, busqué un padrino y gracias a dios lo encontré con el tiempo. Era mi oportunidad de salir de casa, tener un lugar para mí, dejar de trabajar y empezar a ver un futuro.

Cursando la preparatoria en el internado, mi padre compra una computadora para editar las fotografías, literalmente actualizarse para ofrecer un producto más competitivo. Pero en no sabía manejarla así que me la llevo al internado para trabajar desde allá.

Yo tenía que pedir permiso de trabajar una hora, en la computadora con la mentira que tenía que hacer tarea, y aunque estudiaba para sacerdote, la preparatoria y una carrera técnica al mismo tiempo, mi cabeza solo me decía que tenía que apoyar a mi familia.

Para ese tiempo, en el internado nos daban el domingo para visitar a nuestra familia, a los que podíamos por la cercanía. en una ocasión se me ocurrió aceptar la invitación de mi madre de llevarle la ropa para que me la lavara, entonces un domingo tome el camión con mi maleta de ropa y fui a visitarlos.

Al llegar a la puerta y tocar para que me abrieran, escucho a mi madre decirle a mi hermana la expresión ("ya cayo cagada"), ve ábrele la puerta", en ese momento la vista se me nublo de tristeza, y decidí no entrar y regresarme al internado.

Al pasar el tiempo, me llaman de dirección. Pidiéndome una explicación de por qué teniendo a mi familia cerca no los visitaba cada domingo. Con alguna mentira de que salían a trabajar y que yo no alcanzaba a tener lista mis cosas pude salvarme por un tiempo.

Ya en la preparatoria llegue a pasar tres días seguidos sin dormir por el trabajo de la fotografía las tareas y trabajos extracurriculares que se nos exigían en la preparatoria.

Paso el tiempo, y logre sacar la preparatoria y mi carrera técnica adelante, logre mi título, ahora sería más sencillo, solo me quedaba terminar el internado católico para sacerdote. 6 años más y listo.

Un día, antes de entrar al comedor junto con mis compañeros, me comenta un maestro que, terminando de comer, tome un suéter y lo busque porque vamos a salir.

Se me hizo muy estaño la indicación, presentía que ya no volvería y me empecé a despedir de mis compañeros, y aunque nadie entendía por qué y yo tampoco, pero lo hice como el maestro me lo pidió.

Una vez estando con él, me dijo sube al carro, que vamos a ir a un mandado. Ya en el camino me empezó a explicar, que había recibido una llamada de mi familia, mi padre había tenido un derrame cerebral y estaban esperándome para acompáñalo a la capital ya que no lo podían operar de la cabeza, allí mismo.

Mi padre se paralizo de la mitad del cuerpo, un ojo, una mano, un pie etc. Llegando al hospital, me suben a la ambulancia con él para salir a la capital lo más pronto posible.

Las indicaciones fueron, cuídale la mano sana, para que no se quite la canalización que tiene, por que no se la deja puesta.

Así pasamos un mes en el hospital civil de Guadalajara, venían doctores a verlo y se volvían a ir, no parecía que tuviera recuperación, pero tampoco querían operarlo los doctores del hospital por que podría ser contraproducente.

En ese momento sentí, que perdía a mi padre, llegue a un momento de quiebre fuerte, yo solo con mi padre, cambiándole el pañal, y sin soltarle la mano todo el tiempo para que no se hiciera daño. En ese momento, lo abracé y le di un beso en su mejilla. Aunque él nunca me dio uno. Solo pensaba que no quería que se fuera sin conocer lo que es un beso y un abrazo.

Al poco tiempo llegan los doctores con mi madre para hacerme el relevo de cuidarlo. Y aunque mi madre no comento nada, sé que me alcanzo a ver por qué llego con los ojos mojados y la voz quebradiza.

Después de 2 meses en el hospital, por fin pudo tener conciencia mi padre, y no fue necesaria la operación. Ahora podíamos cuidarlo en casa.

Ahora venia la parte de tomar una decisión en mi vida. Regresar al internado y continuar mis estudios.

Por un lado, el internado, me recibía de nuevo, aunque hubiera faltado durante meses, gracias a mis buenas notas.

Por el otro lado, veía a mi padre en una silla de ruedas, sin poder moverse ni hablar si quiera. La falta de dinero, mi hermana mayor con la parálisis cerebral, mi hermana menor estudiando la secundaria y sin saber trabajar, y mi hermano menor con 11 años, sin entender lo que pasaba. Trabajos agendados por entregar de mi padre. Y las deudas que se habían generado por tanta hospitalización,

Decidí no regresar al internado, solo yo podía sacar los trabajos pendientes, y poder trabajar.

Así que ahora solo trabajaba y cuidaba de mi padre, llevándolo al parque, a que hiciera sus ejercicios de rehabilitación. Y aprovechando que no se podía mover mucho, y que no podía hablar, lo agarraba a besos y lo abrazaba, aunque él no quería. Y aunque él no lo reconozca públicamente me di cuenta de su nuevo corazón.

Con el tiempo mi padre se fue recuperando cada vez más, hasta volver a trabajar los dos juntos de nuevo. Pero había algo todavía que sabía que no estaba bien, que mi lugar no era ese. Las confrontaciones con mi madre seguían igual de constantes.

Así que salí a buscar casa de renta a escondidas, y en el camino encontré una tía política que me comento que la casa de un hermano de mi padre que vivía en el extranjero estaba sola, en ese momento hable por teléfono y accedió a prestarme la casa.

Al dio siguiente tome todo el valor posible para darle a mi madre la noticia de irme, asustado por no saber su reacción. "Madre me voy de la casa". A lo que se me queda viendo a los ojos y sonriendo me dijo ¿necesitas que te lleve tus cosas en la camioneta? No muy feliz por su contestación y reacción, pero acepte que me ayudara tenía 17 años. Y todos mis 18 años no los visite para nada, aunque vivía a 5 cuadras de con ellos. En ocasiones esporádicas mi padre me visitaba para jugar ajedrez,

Ahora trabajaba para mí, iba a la universidad de gobierno me compre mis cosas, pero apareció un gran problema "la soledad".

Ya viviendo solo por un lado era agradable poder comprar la comida que quería, tener en mis manos el control de mí tiempo, mi dinero y mi cuarto propio.

Por otro lado, mucho trabajo y estudios eran muy agobiante, aunque me encantara mi trabajo, pero al llegar a casa sola y fría terminaba llorando con deseos de un abrazo o una caricia de alguien.

 Paso el tiempo y ya a mis 22 años un amigo me invito a ir a cenar en el cual conocí una señorita que trabajaba de mesera, muy linda, delegada de mi estatura con el pelo ondulado, le pedí su número y la invité a salir, quedamos de vernos al otro día en el café del centro.

Al otro día, dudando profundamente que asistiera, llego nos sentamos en la segunda mesa, platicamos por un lapso de dos horas, y salimos de esa cafetería como novios.

Ella le faltaba dos meses para cumplir su mayoría de edad, pero estaba bien, por fin encontré a alguien que si quisiera mi presencia y la soledad se iría por fin.

Al paso de las semanas saliendo, acompañándola de

su casa al trabajo y de su trabajo a su casa, teníamos tiempo a solas, en el cual disfrutaba sus abrazos, pero la temperatura a esa edad es casi incontrolable.

Por un instante me atreví a intentar un paso más adelante en nuestra relación, cuando de repente me pone un alto, yo entendiendo que trataba de decirme que iba uy rápido, pero al verla a los ojos me di cuenta que estaba llorando y mirándome con unos ojos llenos de pánico.

Yo tratando de comprender lo que estaba pasando, le pregunté que tenía, a lo que lo único que recibí fue una evasión de la respuesta.

Pasaron los días, y por la situación anterior nuestras plásticas eran algo cautivas y con extrema precaución de no tocar ese tema.

Hasta que puedo platicarme lo que estaba viviendo.

Ella no podía tener ninguna interacción sexual, por una razón muy fuerte. Sufría de intento de abuso sexual por parte de un integrante de su familia que vivía con ella.

Desde la niñez dormía con un cuchillo debajo de su almudada para sentirse segura, cuando esa persona intentara hacer daño.

En ese momento, intente invitarla pedir ayuda, a la policía, a un psicólogo, que no podía seguir así.

Y su respuesta fue, que nadie le creería porque ya había expresado a su familia, pero la juzgaron loca, y no la apoyaron nadie de su familia ni sus 3 hermanos y 2 hermanas mayores y ya casados, la apoyaron.

En ese momento se me ocurrió la idea que en cuanto cumpliera la mayoría de edad se fuera a vivir conmigo, a lo que respondió muy feliz a la proposición.

Llego el día de su cumpleaños, y ya teníamos todo planeado, ella saldría de la preparatoria a las 2 de la tarde, recogería sus cosas de su cuarto, y yo estaría afuera en un coche para llevarnos todo junto. Lo importante es que su padre no regresaría hasta más tarde y cuando llegara ella ya no estaría, y como ella ya había cumplido la mayoría de edad, no podría detenerla en su casa.

Pero el plan no resulto como planeábamos ya que ella se tardó en acomodar las cosas, no podría hacerlo antes porque se delataría, y llego el papa, me vio afuera de su casa, y tenía yo que darle más tiempo,

Así que detuve al señor. Un hombre alto, de sombrero espalda ancha canilla fuerte, trabajador de por vida en el campo.

Quiero hablar con usted. Él se sospechaba algo, porque no era normal que yo estuviera a esa hora, pero acepto platicar.

Quiero decirle, que su hija ya cumplió la mayoría de

edad, yo también ya soy mayor, y sabe que tengo donde vivir y mi trabajo. Así que antes de que usted se entere por otro medio. Yo mismo le comento que su hija está alistando sus cosas para irse a vivir conmigo. viviremos en este domicilio, donde vivo ahora, y serán bienvenidos cuando quiera ir a visitarnos.

Los ojos le brillaban, el entre seño se doblaba, el coraje no lo podía mantener más tiempo. Pero por alguna razón se pudo controlar, y solo comento. Si ustedes ya lo decidieron ya no es mi responsabilidad.

Se regreso a su casa, sin decir nada la vio a ella acomodando sus cosas, y se apartó a un lugar donde no lo vieran.

Ella salió de su casa, y nos fuimos a vivir juntos.

Por razones anteriores, las relaciones sexuales no estaban en la rutina diaria. Éramos novios, pero convivíamos como compañeros de cuarto.

 A los dos meses, de vivir juntos me comenta, "yo siempre he querido tener hijos, hacemos uno". En ese momento sentí que mi vida anterior de tristeza y soledad habían terminado, sin serme cuenta que apenas venia los problemas de adulto y no de niño.

Aunque ya teníamos tiempo viviendo juntos, había ocasiones en la intimidad que le volvían esa imagen, que me cambiaba a mí por la persona que le hizo tanto daño durante años. Pero de alguna manera se logró la meta, en poco tiempo salió embrazada.

Sim pensar realmente, que ella estaba estudiando todavía la preparatoria. Y queríamos tener un hijo. Mi necesidad de amar y ser amado me nublo todo pensamiento de lógica, y a ella la necesidad de salir de ese infierno para ella.

El embarazo le comienza a jugar cambios hormonales, y por lo tanto la buena convivencia deja de existir.

Con los meces le comienza a notar la panza, y se la chuleaban en la escuela, de cierta manera se justificaba con que ella no vivía en casa de sus padres y ya tenía una relación formal.

Llego un punto en medio del embarazo en que ya no podía hacer muchas cosas, solo iba a la escuela, y yo regresando del trabajo, le daba de comer, hacia los deberes y regresaba al trabajo.

Pero comenzó algo muy extraño. Algo que yo no tenía la capacidad de entender ni de creer.

Llego el momento de que se molestó y me reclamo por algo que hice, o que no hice, y yo no entendía cual había sido mi error. En se momento ella cae al piso, como un costal de papas, corriendo a levantarla veo que se fue en sí, trato de reanimarla, le reviso el pulso y está bien, solo no responde, tomo alcohol y le pongo en la nariz, y despierta.

Se me queda viendo con los ojos de miedo, a voltear para todos lados, desconociendo la casa donde vivíamos, me pregunta quién soy, que por que esta ella allí.

No sabía que responder, y dudando si es real lo que está pasando, o es una manera de liberarse de la confrontación que teníamos.

Pero yo no quería seguir discutiendo, así que le di el derecho de la duda.

Me pregunta si la secuestre, que por que está allí, que donde están sus hermanas, y donde está su hermano Conrado. Siendo que su hermano tenía muchos años que no lo veía.

Y se me ocurrió una pregunta en específico. ¿Cuántos años tienes?

A lo que ella me contexto "ocho años que no vez que soy una niña."

Se me fueron las ideas, las palabras, mi mente quedo en blanco. Yo que presumía a esa edad de haber estudiado psicología filosofía etc. No sabía ni como debería reaccionar.

Pero en ese momento ella se empezó a pegar en la panza, y preguntándome si yo le había dado mucho de comer, o porque tenía la panza tan grande. Y me pidió permiso de ir al baño.

 Por qué esa panza se tenía que ir. Por qué a ella le gusta su pancita planita como siempre la tiene.

Me abalance a detenerle las manos, diciéndole que loe voy a explicar. En ese momento sus ojos estaban iluminados, muy tranquilos y grandes, como un niño viendo su caricatura favorita.

Fue a buscar un álbum de fotografías, y mostrándole donde ella está conmigo. de novios, en el parque etc.

Y aunque le costaba creerme aun viendo las fotos, se fue calmando con comida que le traía para que viera las fotos.

Esa noche, le deje mi cama a una niña de 8 años que no sabía que tenía 18. Con el trato de que no se golpeara la panza porque era un bebe.

Al otro día, me despierta temprano ella, diciéndome que no hay comida. Que si puedo ir a traer.

Yo le pregunto qué cuantos años tiene. A lo que me respondes

 "que preguntas tan tontas haces tu"

Con eso me di cuenta que ya era ella de nuevo.

Le platique lo que había pasado, y me comento que años atrás le platicaron que le había pasado eso. Que le hicieron estudios había salido bien.

Yo me quede con la espinita, así que por mi cuenta le pregunte a su mama y a un hermano, y la respuesta fue, "se hace pendeja nomas".

Me volví a sentir solo de nuevo, pero con una variable. Una responsabilidad grande de cuidarla a ella y al bebe de ella misma.

Pasaron las semanas normales. Me levantaba para llevarla a ella a estudiar a la escuela, yo abrir mi local, hasta en la tarde ir por ella a la escuela, hacerle de comer en casa, comprarle sus antojos y regresar abrir mi local de fotografía el turno por la tarde.

Hasta que llego el día, en que llega una camioneta a mi trabajo, se baja una señora, y pregunta por mí, y me dice es que tuvimos problemas con su pareja en la escuela, y usted es el contacto de ella.

Era la maestra de la preparatoria con dos compañeras de su salón. Abren la puerta de las plazas de atrás, y una de sus compañeras le dice, mira ese muchacho que está allí es tu esposo, ella se me queda viendo a los ojos, y se sonroja, mientras les dice a sus compañeras "esta guapo". En ese momento entendí que volvió a tener un episodio.

Ella se quedó conmigo, viendo y preguntándome que

hacía, a que me dedicaba, cuantos años tenía, si la quería mucho, si ella es bonita para mí, a un lapso de 20 minutos, se desvanece en el suelo, quedando inconsciente, para ese momento ya me la sabia que tenía que ser. Regreso en sí, sin saber cómo llego a mi local si estaba en la escuela.

En ese momento tuve que tomar la decisión de serrar mi local, y llevarme todo mi equipo de trabajo a casa. Definitivamente tenía que estar a partir de ahora cuidándola las 24 horas.

Cada dique pasaba, eran más frecuentes los episodios, la lleve a un doctor, me comunique con una psicóloga para que estuviera lista en caso de un episodio ella pudiera verla.

Todavía en ese momento, muy en el fondo de mi dudaba, que fuera real, que no fuera intencional. Pero también, deseaba que así fuera para que esto tuviera una solución, y en si fuera real, no tenía ni de quien me podría ayudar a que se curara.

Empezó a bajar el trabajo, porque ya no tenía un local donde atender a los clientes, tampoco podía salir a trabajar a un evento por que no podía confiarle a nadie la situación que estábamos viviendo. Los recursos económicos poco a poco terminaban, y yo no sabía qué hacer.

En una ocasión salí a traer comida, y cuando llegue,

estaba de visita en la casa un amigo mío de muchos años que con el tiempo se volvió mi compadre, lo veo con gusto, y me pregunta ¿qué le pasaba a ella, la veo rara, y no dice cosas lógicas.?

Cuando el llego y yo no estaba, ella le abrió la puerta por que estaban tocando, pero ella se encontraba en un episodio.

No tuve de otra más que explicarle que estaba pasando, la situación que estaba viviendo, pero estábamos igual, tampoco sabía qué hacer, no había vivido un caso similar, ni siquiera haber escuchado algo así. Pero al final de cuentas, si visita me ayudo a no sentirme solo, a saber, que podía contar con alguien por lo menos a platicar mi situación.

Una noche, ya de madrugada, sentí algo pesado arriba de mí que me despertó. Cuando abro los ojos, la veo a ella con un cuchillo en mi cara, y con tono fuerte preguntándome, si había más como yo, o solo yo la había secuestrado. Con forcejeo logre quitarle el cuchillo, y entre su llanto y desesperación, logre convencerla de que no era alguien malo para ella, y de nuevo a usar el álbum de fotos, para demostrarle quien era yo.

Los episodios volvían cada dos a tres días, hasta que, por fin, llego el día del parto.

Nació mi hijo Miguel angel, los episodios comenzaron

a ser cada vez menos frecuentes, hasta que ya no volvió a pasar.

Ahora, tenía que resolver, mi situación económica, los gastos eran el doble, por las necesidades del bebe, y el sustento diario.

Buscando trabajo, encontré uno que pedían ayudante de albañil, trabajando arreglando el techo de una casa, porque se avecinaban las lluvias. Este trabajo duro solo una semana. Y se terminó.

La siguiente semana me invitaron a trabajar a un laminado de pintura de autos, que duro dos semanas, y así como entraba el dinero por semana la misma semana se iba. Aunque poco a poco me endeudaba con préstamos, para pagar leche y pañales para él bebe.

el siguiente trabajo, fue en el campo, limpiando planta de frijol. Otro trabajo de una semana.

Al final del mes, termine trabajando en una pizzería, repartiendo y haciendo pizza.

Cada semana que pasaba, se complicaba más la situación. Y ella lo notaba, por el estrés y la falta de comida en casa. Por lo que ella se ofreció a trabajar y yo cuidar al bebe. En el cual no estuve de acuerdo, pero, tenía razón al decir que ocupa un descanso.

Ahora sé que nunca debí aceptar esa propuesta.

Porque todo se derrumbaría.

Encontró trabajo en una empresa de las más grandes de mi ciudad como recepcionista. Un hospital de medicina alterna, famosa a nivel nacional y en el extranjero.

Con el tiempo, su trabajo cubría apenas unos gastos, pero era una gran ayuda a la casa, y con trabajos esporádicos salíamos la semana.

Cuando salía a trabajar ya le tenía algo de desayuno listo, cuidaba al bebe, y preparaba la comida cuando ella regresara, mientras era un papa de casa, y al mismo tiempo buscar hacer un negocio que pudiera hacer desde mi posición actual y saliéramos con ahorros cada semana.

Pero ella comenzó a tener un temperamento más sensible, y cuando se enojaba por lo general duraban semanas, me dejaba la comida en la mesa sin tocarla, ni dirigirme la palabra, cada vez era más constante.

Cada discusión que teníamos, perdía control de mis emociones, y me explotaba agresivamente, por la desesperación, de la situación económica la sensación de no ser lo suficientemente bueno, y entre más me reclamaba que no teníamos dinero me sentía cada vez más inútil. Mi dignidad se perdía en el suelo, y entre más escuchaba más rápido perdía la cordura, terminado golpeando las paredes a puño limpio, hasta que sangraran mis manos.

Ella terminaba aterrorizada pensando que la golpearía a ella, aunque nunca en la vida lo haría.

ella se había convertido en mi esposa, la mujer que yo amaba con toda el alma, la madre de mi hijo. Y yo me había convertido en un inútil que no podía sacar a su familia adelante, que no le podía dar lo que me pedía, la estabilidad económica que teníamos cuando comenzamos esta vida juntos.

Pensaba que la única oportunidad que tenía en el mundo de que alguien me amara, y pudiera recibir cariño, era de la madre de mis hijos. Y por mi falta de estabilidad económica que ella me exigía, y no podía dárselo, los perdería, a ella y a mi hijo.

No paso mucho tiempo, solo llegue a casa, y no los encontré, ya no estaba, ella se había regresado con sus padres, y no podía ni ver a mi hijo, hasta que entregara dinero de la manutención de mi hijo.

Quede de nuevo solo en la casa, con el corazón en dos, y la culpabilidad dentro de mí que me comía poco a poco.

Pasaban los días, y las noches, sin salir de la casa, semana, para ser sincero, abecés solo para ir a conseguir un poco de agua, porque no quería comer.

Los pensamientos de culpabilidad, y sus palabras de inútil, pendejo poco hombre, daban vuelta una y otra vez, sin parar.

Luego me preguntaba, que sentido tenía seguir así.

La única oportunidad, de que alguien me quisiera, lo eche a perder. Y no volverá jamás, mi hijo tampoco lo puedo ver.

Me dolía profundamente el alma, cada vez más y más.

Mis padres, tampoco me querían en su vida, y lo sabía desde niño. Para ellos siempre fui una carga. Y ahora también para la mujer que amo y para mi hijo.

Mejor les quito esa carga, creo que es mejor para todos, ellos se liberan de mí, y yo descanso de este dolor que quema por dentro.

Me dirijo a buscar una navaja, me la llevo al cuarto, para quedar sobre la cama. Veo mi mano detalladamente, aunque suene raro, y deseaba que terminara todo ya, tenía que encontrar el valor para hacer el corte en la muñeca.

Las palabras siguen juzgándome en mi cabeza sin parar, y como si ella estuviera allí reclamándome todavía, yo ya no tengo más lagrimas para llorar.

Y que hacemos aquí, dijo cuando realizo el primer corte en mi brazo. Pero no corto profundo, solo fue una cortada superficial, aunque allá sangrado. Intento hacer otra vez el corte, y ahora tengo dos heridas sangrando,

En ese momento, siento un descanso, ver la sangre correr en mi brazo, dejo mi cabeza en silencio, y gracias a eso pude dormir ese día.

Al siguiente día, despierto, mi casa sigue igual, nadie me visita, sigo estando solo, para nadie es importante.

Ahora tengo hambre, pero la despensa esta bacia, no hay nada para comer, sí que en verdad que soy un inútil. Y comienzan los pensamientos de nuevo poco a poco.

Me di cuenta que no lo lograría con la navaja, así que busque una soga hasta encontrar una muy delgada, la amarré de una viga en el patio trasero, me subí a una silla, y llego el momento, pero no tuve el valor,

Pasaba las horas y los días, mi cabeza seguía dándole vueltas a las mismas palabras de siempre, así que pensé en irme al mar a morir, ya que no sabía nadar, si me metía a lo profundo, no tendría escapatoria, y aprovechando mi cuerpo serviría de alimento para los peces y no terminaría apestando en la casa.

Tome mi motocicleta la llene de gasolina, y comencé a viajar, por carretera, la playa se encontraba a 12 horas de viaje sin parar. Pero ni eso me hizo cambiar de parecer.

Pero antes de irme, quería ver por última vez a mi hijo, fui a buscarlos a su casa, salió ella, y le pedí de favor que me dejara ver el niño un minuto. Pero desagrado saco a mi hijo. Al verme se emocionó y corriendo Asia mi gritaba papa, papa.

Lo pude abrazar unos minutos platicar con él, mientras veía adentro de la caza que la estaban aconsejando unas personas que no conocía, la habían visitado sus hermanos de estados unidos.

Mi hijo me presumía un juguete nuevo que le dieron sus tíos, cuando en ese momento ella me quiere quitar el niño de mis brazos, y diciendo que hasta que no le de dinero no podré verlo. Yo no lo soltaba ella tampoco, y mi hijo agarrándose fuerte de mi camisa sin querer soltarse. El tiempo que había pedido se había terminado. Mi hijo me miraba a los ojos, y su madre lo galo más fuerte para que se soltara de mí.

En ese momento vi como su rostro cambio, para siempre. Sin saber el daño emocional que le producía ese momento.

Por alguna razón, el viaje en carretera, los paisajes la montaña, los percances en el camino, el ruido de la moto, hacían que mi pensamiento se enfocara en eso y evitara la autocompasión.

Al llegar a puerto Vallarta, dejé la motocicleta con un amigo que conocía allí, me fui caminando hasta la playa y sin quitarme la ropa ni los zapatos, me metí al mar sin pensarlo dos veces, pero por alguna razón ese día el mar estaba muy tranquilo. Llegue exactamente a la parte donde caminabas a mar a dentro, y no estaba profundo. Hasta que al final, aunque me tapaba el nivel del mar, podía flotar fácilmente sin necesidad de nadar.

Al final termine saliendo todo mojado salado enojado, y repitiendo ni para matarme sirvo.

Sin saber que hacer termine caminando por la orilla de la playa. No tenía un lugar para llegar dormir, mi amigo no me podía dar hospedaje, y ya muy cansado y después de horas de caminar, encontré un puente a las orillas de puerto Vallarta, donde pasé la noche varios días. Sin ánimos.

Al poco tiempo, se me ocurrió que podía vender la moto o mínimo partes de ella para sacar algo de dinero. Así que volví a la casa de mi amigo, a intentar venderle la moto.

Después de esperar un par de horas que saliera de trabajar, al verme, se sorprendió en el estado que me veía, por la ropa hecha pedazos por el sola y la sal. Sin zapatos por que se habían desecho. Quemado por el sol. Y todo sucio.

Me pregunto si quería bañarme, a lo que conteste que estaría bien recibir algo de agua fría en vez de salada.

Al terminar de bañarme, me regalo un cambio de ropa usada, que no le quedaba, y aunque a mí tampoco, pero la necesitaba de todas maneras. Le ofrecí la moto en venta, pero no quiso comprarla.

Me llevo con su vecino que tenía un taller mecánico. Y consiguió un favor para mí, un lugar para poder dormir.

Era una minivan viejita abandonada en su taller, pero me podría servir para pasar la noche.

De cierta manera, la ayuda de ellos hacia mi persona me hacía sentir comprometido, y agradecido, buscaba la manera de limpiar, ayudar cualquier cosa para demostrar mi agradecimiento y no ser una carga para ellos.

En varias ocasiones el dueño del taller, me invito a ir a trabajar juntando basura en los hoteles, ya que la tenía unos volteos y para recoger la basura en grandes cantidades.

De esa manera cada 2 o 3 días tenía para meter algo al estómago.

Después de varios días de conocerme y platicar conmigo, llego un día con un cambio de ropa, comentando que su hijo era la misma talla que yo, me dio un par de zapatos negros, un pantalón de vestir azul y una camisa de manga larga para cubrirme del sol.

Me di cuenta, que la ropa combinaba muy bien, y pensé en aprovecharlo, fui a conseguir una navaja, pero esta vez para rasurarme, y con el cambio de ropa, que combinaba, me fui a buscar trabajo.

Desde el taller hasta las empresas donde podría conseguir trabajo, eran siete kilómetros, que tenía que cubrir a pie.

Sin pensarlo dos veces al siguiente día amaneciendo salgo en busca de trabajo. Sin hoja que diga mi experiencia laboral, ni nada, pero algo podría encontrar, por lo menos limpiando losa en un restaurante.

Llegando a la zona de las empresas, empecé a visitar negocio por negocio, pero sin suerte, uno tras otro, los zapatos de vestir que me habían regalado se empezaron a despedazar con lo caliente del pavimento. Ahora estaba muy lejos del lugar donde podía dormir, con el sol a toda su fuerza, no podía caminar más, dos días sin comer, y todo el camino recogido hicieron que me quedara sin fuerzas y sin poder caminar.

Se me ocurrió la idea de entrar a un Oxxo, y simular que iba a comprar algo, para estar en un lugar climatizado mientras bajaba el sol. Y aunque fue una excelente idea solo me duro una hora hasta que sospecharon que no estaba comprando nada y me corrieron.

Estando afuera el Oxxo, una señora llego y tiro en el bote de basura dos botellas de plástico y una de vidrio. Al ver eso, se me ocurre una idea.

Fue por las botellas, rompí la de vidrio, doble las botellas de plástico, las pise lo más que pude, y con un pedazo de vidrio, les corte la parte dura de la botella dejando solo lo blandito, de esa manera, ice un intento de plantillas que metí dentro de los zapatos para que mis pies no tocaran el pavimiento caliente.

Ya con poder caminar, llegue a una agencia de carros, parecía que se preparaban para un evento, había muchos trabajadores, y no dude en aprovechar y preguntar por el encargado.

Estoy buscando trabajo, puedes puedo aprender lo que sea, es más puedes calarme trabajando sin costo. Si así te parece bien,

El encargado se me quedo viendo de arriba abajo, a lo que me contesto que, si necesitaba personal, y para ver si era de palabra que trabajaría hoy de gratis.

Yo sentí un respiro y una felicidad extraña llego a mi vida.

El encargado le pidió que me dieran una camisa de la empresa y que me pusieron a colgar unas luces de navidad que cubriera todo el frente del negocio.

Por fin había logrado la oportunidad de tener un trabajo, y no pasar hambre. Llega en ese momento una mujer muy alta bien vestida y de tacón alto, y al verme manda llamar, al encargado.

Después de una pequeña platica me hacen bajar de la escalera, diciéndome, no puedes trabajar así, te llegara a pasar algo, nos metemos en un gran problema. Mejor preséntate mañana al área de ventas y firmas un contrato.

Ese día regrese a las minivans con hambre, pero con trabajo prometido. Solo tenía que regresar a tiempo para alcanzar a mi amigo antes de que se durmiera para pedirle permiso de lavar mi ropa para llevármela mañana. Y todo cambiaria.

La agencia de carros me dio tres camisas de la empresa y un pantalón. Con eso y lavando todos los días la podría hacer.

Mi turno de trabajo era desde las diez de la mañana hasta las 5 de la tarde. Pero yo llegaba a las siete de la mañana y me retiraba hasta empezar a oscurecer.

Mis compañeros se burlaban diciendo que ningún cliente llega tan temprano ni llega oscureciendo, si quieres demostrar que trabajas más así no se hace, y continuaban burlándose.

Lo que ellos no sabían, es que si caminaba los siente kilómetros con el sol, sería un infierno, y en las oficinas estaban climatizadas como en el Oxxo. Había agua para tomar gratis y personas que les podía hacer algún mandado y ganarme algunas monedas.

Llego el día de paga, ahora tenía dinero para comer algo, comprarme unos zapatos. Y aguantar unos días.

Pero antes de eso quería saber de mi hijo, quería marcarle, así que busque un teléfono público, al contestarme su mama, hice un trato que me dejara platicar con él y le mandaría dinero, ya que había cobrado la quincena, gracias a eso pude platicar con él.

Fue la primera vez que no me importo que me miraran llorando en público, nadie más sabía lo que estaba viviendo.

Si pude vivir sin dinero, no importaba aguantar el hambre, y así pasaron los días rápido, la siguiente quincena tuve dinero para rentar un pequeño cuarto con una cama, donde podía descansar mejor.

 Aprendí a vivir comiendo una torta que vendían en Walmart por diez pesos cada dos días, el trabajo de ventas no era físico. así que por un tiempo logre mantenerme y comenzar a ver un futuro.

Un día llegando por esa torta, se me acerco una persona a ofrecerme una tarjeta de crédito. Solo necesitaba un comprobante de domicilio y mi credencial. Y ahora que tenía donde vivir tenía comprobante de domicilio, y esa tarjeta de crédito fue un salva vidas increíble.

Días siguientes, logre vender un carro, y cuando me pagaron la quincena, y con lo que me quedaba de la tarjeta, logre regresar a casa a tiempo para noche buena, con regalos para mi hijo.

Ya estando en mi pueblo, en mi casa, mi cuarto todo descuidado sucio por el tiempo. Comencé a sentirme solo de nuevo, por lo que comencé intentar conquistar a la madre de mi hijo, intentando una y otra cosa sin éxito.

No pasaron muchos días, en que me llega una demanda donde me tenía que presentar al juzgado para llegar a un acuerdo de apoyo alimenticio a mi hijo.

En mi pueblo no tenía trabajo, y los trabajo que existían ofrecían poco salario, pero aun así me presente al juzgado.

Fue allí donde ella me alcanzo a ver las cortadas en mis manos, y yo pensando que talvez con eso se daría cuenta que me hace falta en mi vida, regresaría conmigo. solicito una orden de restricción porque les podría hacer daño a ella y al niño.

Regresando a casa con el alma en pedazos, no tenía otro pensamiento que desaparecer de una vez. Por qué ahora no solo era una carga si no también ahora les daba terror.

Buscando entre las cosas de la casa me encontré con un frasco con ácido muriático, lo serví en un vaso de vidrio a la mitad. Y me le quede viendo durante cinco minutos.

Cuando me di cuenta que había un detalle, no podría tomarlo porque cuando el líquido toque mi lengua mi reacción lo escupirá en vez de pasarme el trago. Así que le agregue un poco de refresco llenando el vaso. Y con todo el dolor en mi corazón me tomé todo lo que pude, porque sabía horrible.

En ese momento comenzó mi corazón a latín muy rápido, como nunca lo había sentido, comencé a pensar que ya no tenía salida de esta ahora sí, comencé a temblar de todo el cuerpo, cuando llego a mi mente, que si moría en casa, nadie sabría hasta que mi olor saliera hasta la calle y la gente se dé cuenta,, entrarían y me verían llenos de gusanos, así que decidí irme al hospital más cercano y sentarme en urgencias , si llegaban a preguntarme algo les diría que estoy esperando a una persona que entro.

Cuando me desvanezca en la silla seria todo para mí.

Pero por alguna razón la enfermera noto algo raro. Se metió y al poco tiempo llego con una doctora me metieron al hospital me checaron mis signos vitales y notaron que no estaba bien.

A mí ya no me importaba si ellos sabían que había pasado por que ya estaba hecho, solo tenía que esperar que el ácido muriático quemara todos mis órganos,

La doctora pidió una ambulancia de urgencia para que me llevaran hacerme un lavado de estómago antes de que fuera demasiado tarde.

Para ese momento yo ya no podía salir. A la media hora que llego la ambulancia la doctora me volvió a revisar mis signos, y con cara de sorprendida exclamo "tienes panza de buitre" a lo que nos dio risa a los dos, pero la ambulancia no se regresaría sola. Me di cuenta cuando llego la policía esposándome a la camilla y haciéndome guardia, mientras que llegaban mis familiares.

Siendo un pueblo no tan grande, entre los doctores y enfermeras del hospital había alguno que me conociera y supiera quien podría venir por mí.

No más de una hora, llegan mi madre y la madre de mis hijos, explicándoles lo que había sucedido y dándoles la indicación que me tenían que llevar al hospital de Guadalajara, pero al hospital psiquiátrico, una persona tenía que acompañarme en el viaje, así que fue la mama de mi hijo quien se fue en la ambulancia conmigo hasta Guadalajara.

Despúes 2 meses dentro del hospital, y lleno de todo tipo de drogas, me dieron de alta.

Pasaban semanas tras semana lleno de medicamentos para la depresión, mi cabeza no pensaba en nada, era como un zombi, un sonámbulo, no tenía pensamientos incitantes a la depresión, pero tampoco ideas de negocio para salir adelante.

Los medicamentos que se me asignaron me tenían el cerebro dormido, en pocas palabras no podía pensar en nada, como cuando quieres leer un libro, pero solo tiene páginas en blanco y solo te quedas mirando.

Llego el momento que decidí no tomar más el medicamento, ya pensando lucidamente me di cuenta que en mi mente era como si fueran dos. Una que me menospreciaba y me decía que no valía la pena vivir. Y la otra que excitaba a hacer proyectos, inventar o descubrir cosas nuevas, salir adelante, solo basto darme cuenta en qué momento escuchaba cada mente y a cuál hacerle caso y a cuál no todo comenzó por este pequeño paso.

Aprendí que la depresión no es como una gripa que se cura y listo, más bien es como perder el control de tus emociones y tus pensamientos. Cuando entendí esto, me puse dos reglas que no Devia permitirme faltar.

La primera era analizar cada 5 minutos si lo que estaba pensando era positivo o destructivo. Y si detectaba que fuera destructivos buscar una distracción mental, como videos de risa o música muy alegre.

La segunda es que cuando me encontrara enojado, molesto o muy sensible emocionalmente, toda acción que se me ocurriera por mínimo que sea, y toda palabra que saliera de mi boca, terminaría arrepintiéndome en el futuro, por que ocasionaría un daño alguna persona o a mí mismo.

Era muy cansado hacer este autoanálisis cada cinco minutos, pero fue lo que a mí me funciono, y ayudo a cambiar mi vida de una manera significante.

Poco a poco, fue mejorando, emocionalmente, tanto así, que al día de hoy mis hijos viven conmigo ahora, y la mama viviendo al otro lado del país tratando de mantenerse por lo menos ella misma.

no juzgo a mis padres ni los critico sino al contrario, trato de abrazar, besar y darles cariño demostrando la fuerza del amor de familia.

No menos importante las experiencias, trabajos,

reprendas y responsabilidades que se me otorgaron de niño me ayudaron a tener mis aprendizajes y éxitos y lo más importante. a ser quien soy.

MI HISTORIA
Mi Nombre es: Aníbal García

les voy a contar algo sobre la historia de mi vida, cuando pase por la depresión. Recuerdo que fui un hijo desobediente, berrinchudo, que nada más quería que todo fuera para mí, y le tenía envidia a mi hermano menor porque le llevo 1 año y meses, y yo quería toda la atención para mí, fui creciendo y mis padres me sobreprotegían mucho, ya que el primer hijo de su matrimonio se les murió a los pocos días de nacido, fue una pena muy grande para mi mama el oírlo llorar y llorar y morir. Para mi padre yo creo que también pero no lo manifiesta porque es más sereno. Mis padres era un matrimonio que les fue muy bien en su trayectoria y siempre en navidad de niño nos daban regalos y recuerdo que eran muy bonitos y costos, recuerdo una vez que le pedimos un Atari y lo tuvimos, al año siguiente un super Nintendo y no lo trajo, y así sucesivamente. Éramos unos niños súper cuidados ya que una vez trataron de amenazar a mi papa con secuestrar a los hijos o sea a mí y mis hermanos, eso fue que consiguieron una niñera, y mi abuelita materna nos hacía de comer, recuerdo que éramos muy felices.

Para mí, mi padre es un orgullo, y mi madre también, ya que tengo lindos recuerdos de niño de los 2, mi madre cortaba el pelo y recuerdo que yo jugaba entre los cabellos del piso.

Fui creciendo y mi padre nos inculco el futbol que hasta la fecha lo sigo viendo con mucho gusto, me encanta el futbol. Terminé el preescolar, la primaria, la secundaria y ahí fue donde por primera vez en la vida tuve contacto con la cerveza en una quinceañera.

En ese evento recuerdo que me gustaba mucho una muchacha y no me animaba a declarármele, pero la vi con otro amigo y tomé cerveza hasta marearme, después de eso la volví a probar y me gusto porque sentía que me daba valentía para sacar a bailar a las mujeres o por lo menos para no sentirme mal cuando me decían que no, y si aceptaban bailar no tener problema por hacer el ridículo.

A los 15 años un amigo de la secundaria me invito a tocar un instrumento musical ya que en la secundaria donde íbamos juntos nos daban la clase de música y tocábamos la flauta, así un día que caminaba por la calle, siempre con los ojos tristes, cabeza baja, me hablo mi amigo y me dijo que tocaba el clarinete fue entonces donde llego la música a mi vida, empecé a desarrollarlo gracias a él y a mis padres que hicieron el esfuerzo de comprarme un clarinete de madera.

Al año y medio empecé a integrarme a la banda municipal de mi localidad, ya ganando dinero por hora y a tocar en los desfiles, plaza de toros, bodas etc., así comenzó mi carrera artística pero también de bebedor alcohólico, estuve toda la preparatoria, y ahí seguí con la música.

recuerdo que me hice una novia de la misma prepa y estuvimos juntos por 5 años, recuerdo que pasamos bonitos recuerdos porque en mi salón había más hombres que mujeres y en su salón había más mujeres que hombres entonces ellas iban a vernos al salón, yo que era celoso y posesivo y vengativo, porque nomas la veía con compañeros platicando y yo me ponía a platicar con otra amiga con la intención de que le dieran celos a ella también.

Ella fue aceptada en la universidad de Guzmán por lo que dejo nuestro pueblo y se fue a vivir para allá, yo no pude entrar en listas a Guadalajara, ya que mi puntaje era muy bajo, pero mi promedio muy alto, ya que yo era de esas personas como dicen coloquialmente "macheteras".

Decidí quedarme un año en el grullo, para aprender el inglés en l ciudad de Autlán de navarro, y volví a hacer el intento de entrar a la universidad, pero esta vez a guzmán y recuerdo que me ponía muy nervioso antes de empezar el examen y no dormía por la noche anterior, a lo que me llevaba a no estar alerta con las preguntas y respuestas, pero aun con todo esto me faltaban puntos para ser aceptado.

Por lo tanto, decidí estudiar la carrera de Medicina para seguir la tradición, porque mi orgullo era demasiado grande, y deseaba superar a mi padre, por resentimiento que le tenía. Él siempre me apoyo en todo y como podía me dio todas las herramientas para salir adelante.

Mi mama también a su modo siempre me apoyo y me protegió como una leona a su cría.

Se llego el momento de platicar la parte más horrible de mi historia.

Decidí entrar a una escuela de paga, LAMAR, en MEDICINA, ahí estuve un año, mis padres nos estaban apoyando a los 3 hijos en el mismo departamento y en universidades privadas, fueron los primeros años muy difíciles, para la familia.

Pero como soy muy tacaño, decidí hacer el cambio a una universidad de gobierno, donde no pagaba colegiatura.

Yo creí que yo podía solucionar todo, con hacer el cambio de universidad privada a una de gobierno, pero como dice mi mama lo barato sale caro, fue que entre en la universidad de Guadalajara.

Empecé a probar la marihuana, resultado de una discusión por llamada con mi novia, le dije que me iba a tirar en las drogas, y así fue.

Me cambié de casa en Tepatitlán porque vivían con una familia, después con "LOS AMIGOS", porque caí a la casa de los lobos, donde yo veía que se subían al segundo piso y luego bajaba y se subía de nuevo, y dije que raro que estarán haciendo fue entonces cuando decidieron decirme lo que estaba pasando, y me invitaron a drogarme más fuertes que una mariguana.

para eso yo estaba dispuesto a morir en las drogas.

recuerdo en la televisión el comercial que salía de: di no a las drogas, y eso hizo que recordara el monito drogado del comercial y así quería estar como el monito, así que decidí probarla.

No me gusto al principio porque me mareo y sentía que me quemaba la garganta, y además olía muy feo.

Paso el tiempo y era cada vez más el consumo de drogas, constantemente así nos íbamos a la escuela.

Un 14 de febrero día del amor y la amistad, que me invito mi novia a visitarla a la ciudad de Guzmán, con el tiempo sin verla personalmente y aprovechando la festividad anhelaba un día muy reconciliador y amoroso, que llenar ese vacío en mi corazón, por lo tanto, no lo pensé dos veces y me fui a guzmán.

Pero o tremenda sorpresa no era lo que ella quería, sin no terminar la relación en persona y entregándome una carta donde me decía por qué y la causa que ya no podíamos seguir con esa relación toxica, que llevábamos.

Regrese a Guadalajara, me puse una pelota en el departamento de mis hermanos, y a otro día me fui a

Tepatitlán y llegue rabioso queriendo acabar con el mundo y siendo que el mundo me estaba acabando a mí.

Así me cambiando de departamentos siguieron las fiestas, bienvenidas, sexo, alcohol y drogas. Hasta que después de otro año, un amigo se le ocurrió mostrarme unas pastillas que te hacían resistir toda la noche bailando, las mentadas "tachas", yo no sabía que eran, pero con que fuera droga y me hiciera sentir fuera de la realidad era bueno.

Fue que empecé con un cuartito de pastillas después la mitad, después una entera después dos, hasta que terminaba con 4 pastillas en el fin de semana, y regresábamos a la universidad todos cansados y crudos, a dormir y reponer el cansancio. Así pasaron varios años con las tachas.

Hasta que un día entre en el mundo del perico, con un "amigo" que me invito en unas fiestas de un rancho cerca de donde vivíamos, ahí fue que lo probe con la llave de la camioneta, dure otro año consumiendo perico.

Con el tiempo salió otro "amigo" que dijo que ya había salido otra droga llamada "cristal" y fue donde ya no había vuelta atrás.

Me enamore de esa droga muy adictiva, y peligrosa. Ya que era fumada o inhalada por la nariz. Al poco tiempo que la probe tuve una sobredosis, donde mi cerebro ya no podía resistir tanta droga.

Unos días después, me encontraba manejando de mi pueblo hacia la ciudad de Guadalajara, exactamente entre villa corona y Cocula, llorando solo en mi coche, sobre pensando sobre mi realidad, no encontrar una razón de vivir.

Decidí morir por accidente automovilístico y estrellarme con un paredón, donde me voltee y quede con las llantas para arriba lo único que recuerdo fue que dije "dios mío ayúdame", y me desmaye y al poco tiempo ya llegaron los bomberos y luego estaba en el hospital de Cocula.

Llegaron mi familia, toda asustada porque no sabían que me drogaba mi papa solo sabía que fumaba marihuana, pero nunca le dije que seguí cayendo en el mundo de la perdición.

Para que no se enterara mi madre, que ya estaba muy mala por ver a su hijo sufrir del alcoholismo, fue entonces que surgió la ayuda.

Mi padrino de primera comunión fue el que me paso el mensaje, platicándome su experiencia propia, fue cuando llegue por primera vez a un centro de rehabilitación seis meses, donde se me complico por burro y macetón, no obedecía era muy rebelde.

Sali del anexo y a me integre a un grupo de ayuda

llamado "La Esperanza" donde aguante 7 meses sin beber ni drogarme, pero no pude más y volví a drogarme con el cristal.

Me temblaban las manos y sufría porque se me hacía agua la boca, por consumir ese tipo de droga, la fumaba y sentía que se me quitaba los dolores del alma, y así seguí consumiendo hasta que volví a tocar fondo esta vez.

Ya casado y con una hija, volví a drogarme, hasta llegar al punto de llevar a mi hija al lugar donde venden las drogas, ella chiquita como de 1 año, pero yo estaba todo inconsciente de la vida, ansioso y depresivo de nuevo.

 Sentía que me daba mucha fuerza para enfrentar la vida muy dura que vivía en ese tiempo, porque me costó mucho trabajo empezar el matrimonio, ya que mi objetivo era solo mantener la descendencia, y era mi último deseo, Morirme yo y dejar descendencia.

Pero al parecer todo paso muy rápido y llego otro miembro a la familia, un niño, y seguí recayendo y recayendo, hasta que un compañero del anexo me dijo ("sigue viniendo a la mejor en una de esas te quedas"),

Otro padrino me dijo te voy a sacar adelante, pero se obediente y sigue los consejos. Ponía todo de mi parte, pero recaí de vuelta, hasta que un día hablo conmigo con palabras sabias, que solo Dios pudo poner en sus labios, palabras que golpearon mi ego y orgullo, cosas que me dolieron.

Así empecé a sacar la casta, y hasta la fecha no he bebido ni me he drogado solo por la gracia de Dios vivo con mi familia feliz y contento. Cada fin acudo a grupos de ayuda de AA, estoy con tratamiento Psiquiátrico y Psicológico y además trabajo y hago ejercicio.

Cada día que amanece y abro los ojos digo gracias dios mío por otro día más. Y en la noche hago oración de rodillas y le agradezco por los alimentos el trabajo y por todo. Lo bueno y lo malo.

Como dice un compañero. Tengo 32 años y mi vida empieza a cambiar a base de esfuerzo, decisión, dedicación, disciplina y obediencia.

Aunque todavía sufro de miedos y ansiedad y depresión sé que, con la ayuda de Dios, mis medicamentos y el grupo poder vivir feliz y en armonía con mi familia y la sociedad.

NADIE ESTÁ LIBRE DE RIESGO DE SUFRIR DEPRESIÓN.

Estas dos historias de vida, tan diferentes desde la clase social, capacidades y habilidades tan independientes, pero que llegaron a un punto de la vida donde no se quiere seguir sufrido más.

Con la intención de compartir la parte que todo mundo calla, por el miedo a ser juzgado y criticado por la sociedad, nosotros la compartimos con la ilusión que sirva a todas las personas y familias que tengan a un miembro de la familia en situaciones similares.

Una de la parte más complicada de la depresión, es que ante la sociedad es una plática tabú, que no se debería de platicar en ningún tipo de conversación.

Al igual del que sufre la depresión, también las personas alrededor tarde o temprano cargan una parte del sufrimiento, y sin herramientas para ayudar, ni siquiera comprender lo que está pasando.

Y no, una tristeza pasajera no es una depresión, y aunque estes diagnosticado con depresión, sabrás perfectamente, que no se debe decir ("yo viví la depresión y peor que tú")

Porque, en vez de ayudar, demuestra que no tienes un poco de conocimiento de lo que se está viviendo, y mucho menos empatía.

Esto me llevo a un razonamiento importante, que las personas no saben cómo hablar, acompañar o ayudar a una persona con depresión, y aunque tengan toda la intención del mundo de ayudar terminan afectando más.

Por tal razón escribí este libro, siendo una guía de pensamiento, pero no como reglas escritas en piedra, porque cada caso es distinto, si no la idea principal para saberse expresar, es lo que a mí me hubiera ayudado mucho en esos momentos tan difíciles de mi vida.

FRASES PROHIBIDAS

Las siguientes expresiones son las más comunes expresadas especialmente por los familiares y amigos más cercanos, lo que hace que sea más difícil una comunicación efectiva con el depresivo.

"Sal a divertirte y ya."

No se tienen fuerzas ni ánimo para salir. Y lo que más deseas es que te comprendan por la situación que estás pasando, que se den cuenta los demás que pides ayuda. y aunque saliera no lo disfrutaría.

"Ya vas a empezar con tus cosas."

y

"Tú y tus chantajes."

Esta frase destruye toda esperanza de compresión y apoyo, hace pensar al depresivo que aparte de lidiar con la depresión no puedes ni hablar del tema, para que no se moleste.

"Ve al doctor a que te de medicamento y listo."

Minimizar tu problema como si fuera una simple gripe, no ayuda en nada. No tendrían trabajo los psicólogos ni los siquiatras.

"Mira yo trabajando me olvido de todo, ponte a trabajar."

Otra manera de minimizar tu problema muy lejos de ayudar.

"No sé de qué te quejas si no te falta nada."

y

"no sé por qué estas así."

Esta frase demuestra que no lo conoces en lo absoluto, y no se puede platicarte nada porque para ti no tiene nada.

"Estas así por qué quieres."

Echarle toda la culpa del problema del cual está pidiendo a grito abierto que le ayudes, da entender que no recibirá ni apoyo moral de tu parte.

"hay personas que están peor que tú."

Esta frase es de las peores, desgracia ve en su vida, verla en alguien más, es echar leña a la lumbre.

"Solo quieres llamar la atención."

Demuestra total desinterés por el depresivo.

"Deja de ser perezoso y ponte hacer algo."

Es similar a poner cien kilos encima, y pedirle que corra 10 millas. El sacrificio y esfuerzo es parecido.

"Estás mal de la cabeza."

Decir que está loco, son las primeras palabras de la gente común. Es un insulto aparentemente inofensivo, pero devastador.

"Yo una vez tuve depresión, pero al otro día se me quito con (x) cosa."

Para las personas que no tienen depresión es fácil confundir la depresión con un momento de tristeza, y esta frase nota que finges conocer el problema y darte una solución tonta.

"Te sentirás mejor mañana."

Es igual decir: la Ada madrina vendrá en la noche y te aliviará.

"Eres egoísta"

Juzgarlo por su enfermedad no ha ayudado a nadie en ninguna situación.

"Ponte hacer ejercicio."

El ejercicio ayuda a sentirte un poco menos mal, pero que se lo digas no ayuda, sería como decirle sonríe y ya.

"Yo he tenido problemas más grandes."

La prepotencia y superada de esta frase minimiza al máximo al depresivo que por sí solo esta minimizado por su pensamiento.

"Tú no puedes compórtate así, honra tus apellidos."
Y

"A tú edad y con esas cosas compórtate como un adulto."

Darle más carga de la que ya tiene. Es lo que produce esta frase.

"¿Que tienes, te sientes mal?"

La respuesta siempre será no, o un silencio, porque para responder correctamente a esa pregunta se necesita que la pregunte la persona que le tiene una gran confianza en responderla.

"¿qué quieres hacer?"

Esta frase es inofensiva, pero la respuesta siempre será nada. No ofende directamente pero no ayuda.

Estas frases son las más comunes, de tantas y tanas que se dicen sin pensar. Para concluir podría decir que toda frase menospreciativa, indiferente, ofensiva, discriminatoria, y toda aquella que se diga sin pensar antes en ¿Qué es lo que necesita escucha? No ayudara en lo más mínimo a entablar una buena comunicación con el depresivo.

LOS MOTIVADORES Y GURÚS

En los medios de comunicación, existen innumerables personajes con un eslogan implícito:

"si yo que estoy así quiero vivir, por que tu no"

Como por ejemplo:

Mel Robbins. / Nick Vujicic.

Jay Shetty. / Prince Ea.

Duncan Wardle. / Nando Parrado. / Pep Guardiola.

Aunque tengan una gran lista de personas que se han motivado con ellos, y se convirtieron en un ejemplo a seguir, son personas que las buscaron ellos mismos, ya sea que fueron a sus conferencias o los buscaron por internet, al final de cuentas las personas tuvieron un pequeño interés en ellos.

A diferencia de una persona que eta viviendo en depresión, están enfocados en su situación personal, y que, si otras personas disfrutan de vivir, el único pensamiento que dará de resultado será:

felicidades pues vive, disfruta de la vida tú que puedes.

Porque el este en peor situación, significa que mi depresión es cualquier cosa simple de lidiar.

Y llegamos a la pregunta ¿qué necesita escuchar?

FRASES QUE SE PERCIBEN COMO APOYO.

Enumero algunas frases, que me hubiera gustado recibir en mis momentos difíciles. Existen muchas más, pero al final lo importante es el efecto que ocasiona en la persona que está sufriendo.

.

"Estoy aquí para lo que necesites."

Estas palabras hacen sentir que somos importantes, pero de una manera no invasiva.

"Te aprecio, te estimo, te quiero, etc."

Las palabras sueltas, dichas sin ninguna razón, suelen escucharse falsas, pero la constancia de estar escuchando estas palabras durante el día, durante la semana, y más si son más de una persona las que estén soltando estas palabras, terminan siendo una semilla que germinan en el interior de la persona. Con frutos de sentimientos agradables.

"No estás solo, siempre estaré aquí para escucharte."

Puede llegar un momento en el que acepte hacer el último esfuerzo antes de hacer algo irremediable, y recordara esta frase inevitablemente. Esa plática que se genere con simplemente escucharlo será un desahogo importantísimo para el depresivo.

"Me encanta verte sonreír."

Importante al utilizar esta frase, es que debe ser después de que sonría, ya sea que se le platique un chiste, mostrarle un video o acompañarlo, ha realizar una actividad favorita, con una simple mueca podría servir.

"No he tenido depresión, pero investigare para poder apoyarte."

Esta frase es sumamente increíble. La persona que está pasando por la depresión, está completamente segura que nadie más aparte de él sabe o entiende por lo que está viviendo, por lo tanto, la primera parte de esta frase la acepta como verdadera en su mente, mientras la segunda parte le demuestra que le es tan importante que buscara la manera para poder entenderlo, es una pequeña esperanza para el depresivo.

"Te puedo dar un abrazo."

El depresivo evitará a toda costa cualquier contacto físico, por la autopercepción negativa que tiene. Pero una petición directa, se sentirá desierta manera obligada a permitirlo, deberás mantener y presionar un poco por más de un minuto, automáticamente le cambiarán los pensamientos.

"Me permites limpiar tus heridas."

Así como la frase anterior, evitara contacto físico, pero en el caso de que tenga heridas físicas, abra más oportunidades, importante no comentar nada, mucho menos juzgar ni preguntarle nada, simplemente limpiar la herida, y continuar con la vida diaria, de esta manera estará más a disposición contigo y demostrara una cercanía diferenciada así a ti.

"Traje algo para comer juntos."

La primera reacción será negativa a comer, por razón que no tendrá hambre y sus pensamientos están ocupados en sus problemas, pero sentarte junto con y acompáñalo durante la comida, le demuestras que intentas y quieres incluirlo en tus actividades rutinarias. Y con un segundo efecto importante será que el cuerpo piensa diferente cuando nuestro estómago tiene comida a cuando no.

"Estoy orgulloso de ti."

Para utilizar esta frase, se debe comentar anteriormente algún logro individual que tenga el depresivo. Como, por ejemplo: ¿recuerdas cuando fuiste el único que se animó a montar el caballo? En este caso, como es un logro individual y resultado de un esfuerzo personal contra el miedo, lo verá como un verdadero logro.

En cambio, si la razón de estar orgulloso es porque es tu hermano, tu hijo, etc. cómo no fue algo que fue decisión o tomo un esfuerzo significativo para él, no lo tomara como un logro, y la frase en vez de ser positiva terminara sintiéndose falsa.

"Nadie nace sabiendo, todos somos humanos imperfectos, pero con la habilidad de aprender de nuestros errores, y lo mejor es poder compartir lo aprendido."

Esta frase nos expone la realidad tal y como es y nos ayuda a bajar la intensidad del auto juicio, al mismo tiempo dando la sensación que lo que estamos experimentando dará frutos positivos en algún momento.

" ¿Recuerdas que hubo una parte de tu vida en que no la conocías a esa persona que dices que la amas, ni siquiera sabias que existía.? Somos millones en este mundo, ¿y si hay alguien esperando su turno?

En el caso que sea un problema de pareja. Esta frase nos hace vez una expectativa mas amplia de nuestra situación, haciendo que nos enfoquemos en nosotros en vez de pensar por que se fue.

Nota:

Más de lo que puedas decir con palabras, lo más
importante son los actos. Como, por ejemplo:

1.-No dejarlo en ningún momento.

2.-Incluirlo en las actividades de la casa y de ser
posible dejarle algunas pequeñas responsabilidades.

3.-tambien importa mucho la persona que se lo diga,
la importancia o el respeto que el depresivo le tenga a
esa persona.

Recomendaciones.

1.- cuidar de no dejar a la mano cuchillos navajas cúter rastrillos etc.

2.-vigilar la música que escuche en ella encontraras lo que el depresivo siente y piensa en ese momento.

3.-tener en cuenta que buscara dañarse y/o suicidarse en cualquier momento, cualquier comentario negativo abonara para su objetivo.

4.-todo el tiempo su mente lo bombardeara de pensamientos negativos, como: no valgo nada, para que existo, no sirvo, soy tonto etc.

Por lo tanto, recordarle y festejarle las cosas que hace bien, los éxitos que ha logrado, y motivarlo a realizarlas de nuevo contrarrestaran los pensamientos que lo invadan

5.- tener en cuenta que, aunque en este momento no sientas depresión, un sentimiento de tristeza puede llevarte a la depresión si no detienes esos pensamientos.

¿CÓMO PUEDO AYUDARLO?

Dependiendo de la persona con la que el depresivo este en comunicación es la manera en la que se va a comunicar.

Antes de todo el depresivo muy sutilmente dará una pequeña muestra de que tiene depresión, y esperara muy atentamente 3 cosas. La respuesta, la actitud y el comportamiento así el.

1.- si la persona NO tiene conocimientos de la depresión.

Responderá de una manera juiciosa, minimizándolo y dará una solución como (tomate unas pastillas, sal a divertirte etc.) al escuchar esto se abstendrá de seguir platicando y menos compartirá su pensamiento real. Cambiará su rostro por una sonrisa y ocultará su verdadera realidad. Será imposible ayudarlo.

En caso que no seas una persona importante para él. Será toda la información y evitará comunicarse e incluso volverla a ver.

En caso que seas una persona importante para el dará muchas más señales con esperanza de que lo entiendas.

Señales como.

Publicar una imagen depresiva, tristes, muy oscuras. Imágenes de flagelaciones.

Ho simplemente que demuestren soledad. En redes sociales. Ho cualquier otro medio en el que puedas verlas.

2.- la persona que tiene conocimiento de la depresión.

Responderá compasivamente, sin juzgar, y se mantiene en la parte de acompañamiento y escuchar.

Demostrara que se dio cuenta de su publicación, y que sabe que está pasando por un momento difícil. Demostrando que puede contar con esa persona.

Al notar este comportamiento podrá expresarse de una manera más abierta y mostrará su pensamiento sin miedo al juicio.

Le hablará en el momento que se sienta triste o con ganas de suicidarse, para escuchar una palabra de aliento, será una comunicación más explícita y directa.

De esta manera llegará el momento que dirá el motivo por el que esta depresivo. Como se siente. Que piensa hacer. Y todo lo que conlleve su estado emocional.

(Por esta razón es complicado que con un profesional se pueda abrir y compartir su verdadera situación.)

En este caso podrás dirigirlo a un pensamiento positivo, ayudarlo en lo que verdaderamente necesita. Y un abrazo será increíblemente mágico para esa persona.

SE ENCUENTRA EN DEPRESIÓN

Si detectas que está pasando por un tipo de depresión, pero tienes manera de acercarte a él.

El punto más importante es encontrar la manera de cambiar los pensamientos negativos actuales que tiene como:

1.-invitar a su casa algún amigo muy cercano a el.

2.- comidas con bastante picante, hace que los pensamientos cambien de prioridad.

3.- Si tiene pareja y existe la posibilidad, la intimidad hará que su cerebro tenga cambios químicos y al mismo tiempo se pondrán en pausa todo` pensamiento que no sea de la intimidad.

4.-una persona externa a su familia cercana le solicite un tipo de ayuda, que solo el sea el único que puede ayudarlo. Puede ser de un tema en específico que maneje bien.

5.-un miembro de la familia intente hacer algo en el que el depresivo sea el mejor, y le pida ayuda para hacer esa actividad.

Aquí el punto importante es encontrar la manera de cambiar los pensamientos o preocupaciones del depresivo.

MOMENTOS DE CRISIS.

Existe una infinidad de variables de comportamiento. Pero lo que es común es que para hacerse daño necesitara un momento a solas. En este momento es sumamente peligroso. En algunos casos es muy difícil darse cuenta de que esta en una crisis. En otros la persona no parara de llorar y expresara sus intenciones. No entenderá ninguna razón lógica. Su cerebro se enfocará en el problema y será un círculo vicioso, en el cual no podrá pensar cuerdamente, solo buscará una salida o una distracción del dolor emocional como un dolor físico. (Una o varias heridas en el cuerpo). Y si no es suficiente decidirá la salida de la muerte. En ambos casos solo existe un apoyo funcional. Hospitalización psiquiátrica.

Recomiendo no hablarle, solo acompañar a la persona y evitar cualquier manera en la que se pueda hacer daño, y esperar mientras llega la ambulancia para su traslado al hospital. Deberás acompañarla en todo el proceso e incluso después de su salida del hospital.

Al salir del hospital. Su cerebro estar adormecido, pensara con un poco de razón, pero estar aturdido.

En este momento es cuando el abrazo, un beso un ánimo tú puedes, será de gran apoyo y de valor para el depresivo.

No recomiendo mantener de por vida el medicamento. Solo lo necesario hasta que la persona se restablezca. El medicamento prolongado dañará el cerebro y lo mantendrá aturdido, seguirá deseando dormir todo el día por influencia del medicamento. Y de esa manera no será capaz de regresar a su vida cotidiana mucho menos de mejorarla.

Al salir de la hospitalización es de suma importancia que por el momento no regrese al ambiente cotidiano, su vivienda y amigos.

(No menos de un mes.)

Será mejor un lugar donde este alejado de tantas cosas que le puedan recordar sus problemas, de esta manera podrá reconstruir su vida, podrá pesar positivamente y mejorara sus pilares emocionales.

PUNTO DE APOYO

Para poder explicar de alguna manera, la razón por la una persona llega a tener depresión. (no en todos los casos). Me explicare con este ejemplo.

Si imaginamos una balanza en la cual por un lado se encuentra las cosas buenas que nos pasan en nuestra vida.

Como: un rico café. Un premio en el trabajo o deporte. Una sonrisa de la persona especial, una felicitación por cualquier tema, intimidad con la pareja, etc.

Y por el otro lado de la balanza las responsabilidades, los problemas las cargas.

Como: las deudas por pagar. El trabajo mal pagado o demasiado estrés. Los reclamos por no hacer alguna cosa. Problemas maritales. Problemas familiares. Responsabilidades con la casa, familia, pareja, etc.:

De alguna manera al paso del día, se van balanceando en algún momento lo bueno esta arriba, en otro estará abajo. Pero aun así sabemos o tenemos esperanza que por mucho tiempo que los problemas pesen más que el lado contrario, llegara el momento que cambie.

Todo bien hasta aquí, de cierta forma.

el problema grande es cuando tu punto de apoyo que sostiene la balanza, se derrumba. Por muchas cosas buenas que te pasen que tengas, que te demuestren que eres afortunado. No tienes donde balancear todo eso. Así que cae al suelo como si nada. Y no se puede valorar.

En caso de los problemas. Sin un punto de apoyo para balancear, igualmente cae al suelo. No importara si nos corren del trabajo. Si vivimos en la calle, si no tenemos que comer. En fin, todo es lo mismo.

Sin darnos cuenta ponemos como punto de apoyo a una persona importante para nosotros. Como la mama, papa, hijos, la pareja. Etc. Tal vez el trabajo un deporte una actividad.

Lo problema importante es que el punto de apoyo, NO somos nosotros mismos.

En el momento que tu punto de apoyo. Se va de tu vida. Fallece. Se termina, se aleja, etc.

Todo se derrumba como castillo de naipes. Y ahora no tenemos nada para sopesar y valorar las cosas buenas de nuestras vidas.

Puedes tener la mama más amorosa del mundo, hijos increíbles, la pareja más amorosa. Tu cuerpo perfecto. Pero si tu punto de apoyo se derrumbó.

Todo lo demás ya no importa.

Es esta la razón por la que, a un depresivo, le puedes decir mira él no tiene manos, ni pies, es sordomudo, y aun así quiere vivir. Y no servirá de nada. Por más videos de personas exitosas felices nada servirá.

Si mantienes tu punto de apoyo en algo que no muere, que no se va, que no te abandona. Como es tu espíritu. Todo será diferente. Podrás balancear siempre cualquier problema de tu vida. Por más grande que sea. Podrás poner una felicidad más grande del otro lado de la balanza.

Ahora, al espíritu hay que darle un tiempo especial para él. Un momento para ti. Tienes que fortalecerlo. Un momento de contemplación. De oración. Si te compras una flor, un chocolate, un café. Tienes una cita contigo mismo. Apagas el celular, y te aseguras que nadie te moleste en ese momento para ti. Tu espíritu será agradecido nada ni nadie podrá derrumbar tu punto de apoyo. si te regalas mínimo media hora de las 24 del día. Toda tu vida cambiara. Nada será lo suficientemente malo que te derrumbe. Porque tu espíritu será tu punto de apoyo, y siempre estará contigo.

¿CÓMO EVITAR LA DEPRESIÓN?

Quiero hacer notar que esto es lo que en particular me ayudó mucho. Es el resultado de muchos procesos y estrategias utilizados en mi persona. (No es estudio por ninguna institución médica)

Estos pasos, se realizan cuando no estas en un cuadro depresivo. De lo contrario lo que necesitas es hospitalización inmediata.

1. Para comenzar el proceso se necesita estar tranquilo emocionalmente.
2. Antes de cualquier actividad Comenzar el día. Con algo que te guste. (un café, ver algún video cómico, un programa en especial etc.)
3. Todos los días darte un momento para ti. Para meditar o hacer oración. Ho simplemente ver un amanecer o atardecer, a solas y disfrutar el paisaje.
4. Elegir algo bueno que te gustaría para tu vida a corto plazo. Para esta misma semana o para este mismo mes.
5. Escribir los pasos para lograrlos y llevarlos a cabo.
6. Una vez logrado repetir el punto 4. Repetir 5 veces, después cambiarlo a mediano plazo y posterior a largo plazo.
7. Por muy mal que te sientes en algún momento, nunca suspender el proceso.

8. Identificar la situación, persona, o detalle que te lleva a ese estado emocional y evitarlo a cualquier precio.
9. Identificar la música que te hace estar alegre, y mantener una lista de reproducción a la mano para escucharla.

Estos pasos ayudan a evitar un cuadro depresivo.

RECUERDA SIEMPRE.

Si continúas igual no esperes resultados diferentes. Al cambiar tu vida de esta manera, los resultados serán casi inmediatos y muy notables no solo para ti si no para las personas a tu alrededor

En el trabajo y familia. No quiere decir que nunca más volverás a tener depresión. Si no que podrás identificar qué es lo que te produce ese estado emocional y podrás manejarlo de mejor manera. Evitar llegar momentos críticos y recuperarte más fácil y rápido.

NO ESTÁS SOLO

En cierta manera y por mucho que nos incomode escuchar la trillada frase "yo también tengo depresión", existen casos documentados de personas famosas e importantes en el mundo que tuvieron el valor para expresarlo públicamente de maneras particulares.

Demostrándonos la realidad del dicho popular "lo que no te mata te fortalece", dándonos una luz de esperanza y grandeza al final de este camino particular que trascurrimos a diario. Y al mismo tiempo una invitación a vivir y expresarnos de nuestra condición libremente.

los siguientes personajes que voy a citar realizaron una gran contribución a la sociedad, aunque no todos sufrieron depresión, si una enfermedad mental, ellos dieron forma al mundo que vivimos hasta hoy.

1.- Albert Einstein

Desde su nacimiento tuvo un gran rechazo de sus seres queridos, aunque no está confirmado se cuenta que al nacer sus padres lo describieron como una "monstruosidad" por su cabeza grotescamente grande. A pesar de que su médico les trataba de convencer que todas las cabezas infantiles parecían más grandes de lo normal.

Los maestros de primaria de Einstein informaron que el niño tenía un disgusto poderoso y persistente de la autoridad. Junto con su discurso de desarrollo tardío, algunos profesionales médicos han sugerido este comportamiento como sintomático del autismo o del síndrome de Asperger. A lo largo de su infancia y vida adulta.

En la vida adulta en 1910 viviría su primer divorcio con Mileva Maric con la que tuvo dos hijos y una hija ilegitima, Einstein se reservó este hecho, nunca hablo del tema.

Con este echo Einstein se mudaría a Berlín comenzando una nueva relación con su prima Elsa, a la Cual por el resto de su vida Einstein la describiría como" mujer más fría que un pez"

2.- Abraham Lincoln

Conocido dentro de su grupo cercano como el "presidente triste".

El decimosexto presidente de Estados Unidos, que preservó la Unión a pesar de la Guerra Civil, tomó decisiones importantes para abolir la esclavitud. Dejando huella en la historia, pero al mismo tiempo dejando señales de su depresión, lamentablemente en la época que vivió Lincoln la información sobre la depresión era exageradamente escasa incluso en los grupos médicos.

 Rincón presento episodios de depresión cuando estaba joven, tan severos que quienes eran cercanos a él temían que se fuera a suicidar.

La gente que lo conocía en la época habla de su profunda tristeza expresada s en su rostro, mucho tiempo antes de soportar la carga emocional de la muerte de sus dos hijos y, sin embargo, de alguna manera, fue capaz de liderar el país con firmeza.

"El trabajo lo mantenía ocupado y que el humor es mi válvula de presión".

3.- Robin Williams.

Actor mundialmente conocido, por su larga carrera de actor y comediante. Ganador de un premio Oscar, cinco globos de oro, entre otras más, mantenía una depresión en secreto, desde que inicio en el mundo de la comedia.

Por un lado, los problemas maritales y por el otro el estrés de hacer monólogos cómicos, comenzó a consumir drogas y alcohol en los inicios de su carrera, aunque se podría controlar cuando tenía presentación, no niega que llegaba con resacas por trabajar escribiendo las noches anteriores.

Durante el período en el que consumió cocaína comento que se sentía paranoico cada vez que bajaba al escenario.

Contrajo 3 matrimonio, la primera con la bailarina Valeria Velardi. La segunda con Marsha Graces con Susan Schneider.

En el 2006, se internó en un centro de rehabilitación, admitió que era un alcohólico.

Fue hospitalizado en el 2009 por problemas cardíacos. Se sometió a cirugía para reemplazar su válvula aórtica.

Tras ocho años de abstinencia de alcohol y drogas, se encuentra en su departamento sin vida el 11 de agosto del 2014, su representante declara ante los medios que pasaba por una fuerte depresión.

A pesar de su muerte nos deja un gran legado de películas que tocan el tema de salud mental, la importancia de la familia y el amor al prójimo, tales como:

Patsh Adam.

La sociedad de los poetas muertos.

Mente Indomable.

Papa por Siempre. Y Despertares.

Estas películas indiscretamente llevan una relación muy fuerte, la importancia de sonreír ante la vida, identificar sus emociones y sentimientos para poderlos dirigir correctamente, la importancia del amor propio entre otras.

Definitivamente demuestra una clara intención de contarnos un poco de su vida personal, o como lo llamarían cualquier persona alrededor de un depresivo "quiere llamar la atención", pero también demostrarnos lo bueno que es la vida y darnos ánimos para continuar.

4.- Selena Gómez

Cantante, actriz, productora empresaria bailarina etc.
Comenzó su vida laboral a los 10 años en la serie
infantil Barney.

En agosto del 2022 Selena habla abiertamente acerca
de su batalla contra la depresión, ansiedad y trastorno
bipolar. Con una publicación en Instagram con la
leyenda:

Este es solo el comienzo para @officialwondermind y
nuestra misión de democratizar y destigmatizar la
salud mental. ¡Gracias a todos los que me han
apoyado tanto y no puedo esperar a que todos ustedes
vean lo que viene después!

Aunque actualmente la información de su depresión
no la han hecho pública, demuestra que está
trabajando en una aplicación destinada a cuidar la
salud mental.

5.- Dwayne Johnson " The rock"

"Soy partidario de pedir ayuda. He perdido amigos
que se quitaron la vida porque no quisieron pedir
ayuda"

Con tan solo con 15 año fue testigo de su mama Ata,
cuando trató de quitarse la vida, después de que les
echaran de su casa por no poder pagar la renta.

"Salió del coche en plena autopista y se puso a andar
hacia los coches que venían, los coches y camiones
hacían lo que podían por esquivarla".

"Salí del coche, me lancé hacia ella, la cogí y la saqué de
la carretera". El impacto de ese momento hizo que
Johnson se sumiese en una profunda depresión y que
llegase a un punto en el que "lloraba constantemente".

contó el actor al diario *The Express* hace unos años:

el actor siempre ha tenido esa llama interior, y el amor
a su familia con el deseo de proteger a los suyos,
supero uno de los golpes más fuertes en su carrera,
tener que dejar el futbol que le daba buenas esperanzas
en el futuro.

"La depresión no discrimina. los mismos instintos
suicidas que tenía mi madre podrían haberme
encontrado",

Afortunadamente los dos nos recuperamos. prestamos atención a otras personas, sabemos identificar esa tristeza que se esconde en una mueca, porque nosotros lo vivimos. Tenemos que ayudarles y recordarles que no están solos"

"CREO QUE LAS PERSONAS QUE HAN
EXPERIMENTADO LAS MAYORES TRISTEZAS
SON LAS QUE SIEMPRE SE ESFUERZAN MÁS
EN HACER A OTROS FELICES.

PORQUE ELLOS SABEN EN CARNE PROPIA LO
QUE ES SENTIRSE DESOLADOS Y ABATIDOS Y
NO QUIEREN QUE NADIE MÁS SE SIENTA
ASÍ"

ROBIN WILLIAMS.

MENSAJE DEL AUTOR.

Gracias a estos pasos, muchas personas han mejorado su calidad de vida personal. Desde los que solo han leído mi libro, hasta los que le he dado platicas personalmente.

Si conoces a una persona en estas situaciones y te gustaría que tuviéramos una plática de apoyo con ella, no dudes en comunicarte conmigo. desde mi correo: chuybarriga.depresion@gmail.com y con gusto te apoyaremos.